Mi vida con Epilepsia

escrito por **Mari Schuh** • arte por **Ana Sebastián**

AMICUS ILLUSTRATED
es una publicación de Amicus
P.O. Box 227, Mankato, MN 56002
www.amicuspublishing.us

Rebecca Glaser, editora
Kathleen Petelinsek, diseñadora de la serie
Lori Bye, diseñadora de libra

Library of Congress Cataloging-in-Publication Data
Names: Schuh, Mari C., 1975- author. | Sebastián, Ana, illustrator.
Title: Mi vida con epilepsia / by Mari Schuh ; illustrated by Ana Sebastián.
Other titles: My life with epilepsy. Spanish
Description: Mankato, Minnesota : Amicus Learning, [2024] | Series: Mi vida   con... | Translation of: My life with
epilepsy. | Audience: Ages 6–9 | Audience: Grades 2–3 | Summary: "Meet Max! He likes riding his scooter
and playing with his dog. He also has epilepsy. Max is real and so are his experiences. Learn about his life in this Spanish
translation of My Life with Epilepsy for elementary students"—Provided by publisher.
Identifiers: LCCN 2022051797 (print) | LCCN 2022051798 (ebook) | ISBN 9781645496052 (library binding) |
ISBN 9781681529233 (paperback) | ISBN 9781645496359 (ebook)
Subjects: LCSH: Epilepsy in children—Juvenile literature. | Epileptic
children—United States—Biography—Juvenile literature.
Classification: LCC RJ496.E6 S32518 2024 (print) | LCC RJ496.E6 (ebook) |
DDC 618.92/853--dc23/eng/20221114

Impreso en China

A Max y su familia—MS

Acerca de la autora
El amor que Mari Schuh siente por la lectura comenzó con las cajas de cereales, en la mesa de la cocina. Hoy en día, es autora de cientos de libros de no ficción para lectores principiantes. Con cada libro, Mari espera ayudar a los niños a aprender un poco más sobre el mundo que los rodea. Obtén más información sobre ella en marischuh.com.

Acerca de la ilustradora
Ana Sebastián es una ilustradora que vive en España. Estudió Bellas Artes en la Universidad de Zaragoza y en la Université Michel de Montaigne, en Burdeos. Se especializó en ilustración digital y completó su educación con una maestría en ilustración digital para arte conceptual y desarrollo visual.

¡Hola! Me llamo Max. Apuesto a que tenemos mucho en común.
Me gusta conducir mi scooter, nadar y jugar con mi perro.
También es posible que tengamos diferencias. Tengo epilepsia.
Déjame contarte sobre mi vida.

La epilepsia afecta el cerebro. Las personas con epilepsia tienen convulsiones. Las células del cerebro envían mensajes. Las convulsiones pueden ocurrir cuando de repente ocurre una gran cantidad de actividad en el cerebro. Esto puede cambiar la forma en que las células envían mensajes.

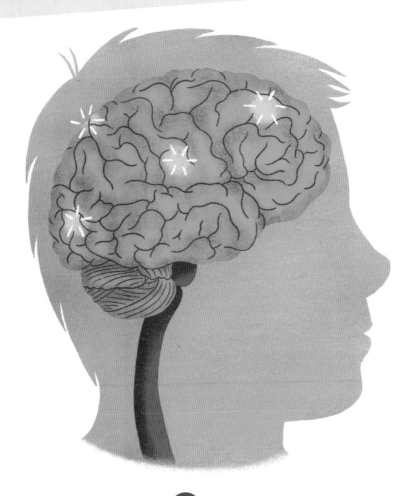

Algunas convulsiones duran unos pocos segundos. Otras duran unos pocos minutos. El cuerpo de una persona puede temblar o ponerse rígido. La persona se puede desmayar y caerse. O puede mirar fijamente o parecer confundido. Sus emociones pueden ser cambiantes. Otras dejan de respirar por varios segundos.

Cuando tenía casi cinco años, me sentí muy cansado en la escuela. En casa, me caí por las escaleras. Aproximadamente de una semana después, me desmayé por unos segundos. Me caí repentinamente al piso.

Mi mamá y mi papá me llevaron al hospital. Los exámenes de mi cerebro indicaron que estaba teniendo convulsiones. En ese momento, los médicos me dijeron que tenía epilepsia.

Los médicos a menudo no saben qué causa la epilepsia de una persona. Aunque yo tenía muchos exámenes, no están seguros de qué la causó.

No puedes contagiarte la epilepsia de otras personas. Una lesión cerebral puede causar la epilepsia. También los tumores cerebrales y las infecciones en el cerebro pueden causar la epilepsia. La epilepsia puede venir de familia.

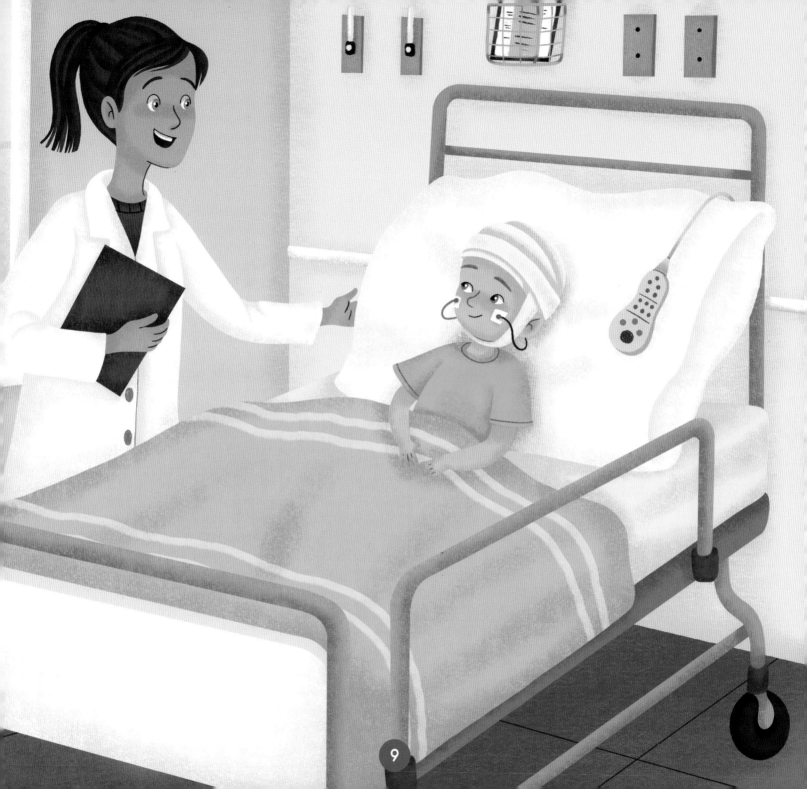

La mayoría de las convulsiones ocurren sin advertencia. Pero algunas personas tienen disparadores que pueden desencadenar una convulsión. Mis disparadores incluyen el clima caliente, no dormir lo suficiente y tener fiebre.

Los medicamentos pueden prevenir o detener una convulsión. Los médicos me han administrado diferentes medicamentos. Pero la mayoría no me ha dado buenos resultados. Me mantengo activo y como comida saludables. Intento limitar el azúcar y los carbohidratos que yo como. Esto me puede ayudar a tener menos convulsiones.

Tengo diferentes tipos de convulsiones todos los días. Me caigo repentinamente. Se me ponen rígidas la mandíbula y las manos. Miro fijo a la nada. Algunas de mis convulsiones solo duran unos 20 segundos. Otras duran más de cinco minutos. Las convulsiones largas me cansan, entonces tomo una siesta.

Un adulto se recuesta a mi lado de forma segura cuando tengo una convulsión. Me habla con calma, para que sepa que no estoy solo. Me da un medicamento si mis convulsiones duran más de cinco minutos.

En la escuela, un asistente de la maestra se asegura de que esté seguro. Ella tiene mi medicamento. Está conmigo todo el día cuando aprendo cosas nuevas. Me encanta leer. También me gusta escribir mis propias cuentas.

Algunos días, no asisto a la escuela porque estoy cansado por las convulsiones. Duermo hasta tarde o regreso a casa temprano.

Las personas de mi escuela se preocupan por mí. Cuando estoy en el hospital para hacerme pruebas, me visitan. También me envían videos y cartas con buenos deseos.

El Día Violeta es en marzo. Las personas llevan algo violeta para demostrar su apoyo por las personas con epilepsia. Todos mis amigos llevaron algo violeta en mi honor.

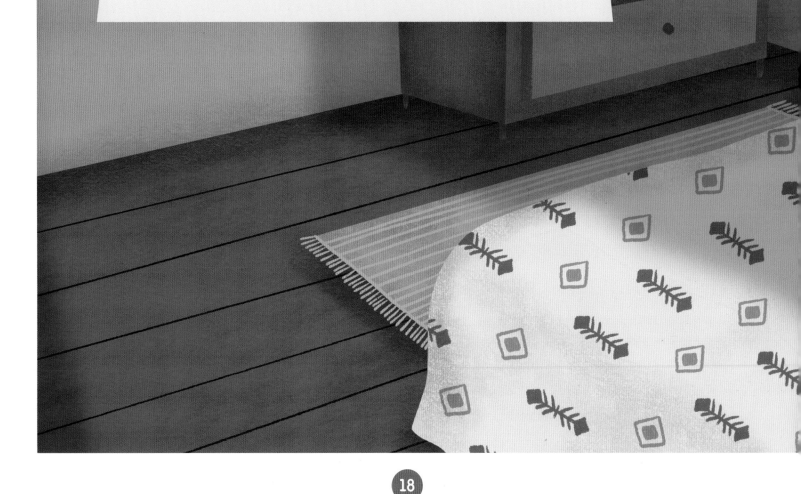

Por la noche, mi mamá y mi papá me cuidan. Se aseguran de que esté seguro. Se aseguran de que estoy respirando bien.

Puedo hacer la mayoría de las cosas sin que la epilepsia me lo impida. Pero siempre necesito a un adulto conmigo para estar seguro. Hoy, fui a nadar. Mi mamá me miró de cerca. ¡Nadé mucho tiempo!

Este es Max

¡Hola! Me llamo Max. Soy feliz, amigable y colaborador. Vivo en Detroit con mi mamá, mi papá y mi hermana mayor. Tengo una perra que se llama Millie y una gata que se llama Alice. Me gusta leer, jugar con mi tableta y contar chistes. También me encantan los autos. Mis autos favoritos son los escarabajos y autobuses Volkswagen, Teslas, Cadillacs y Jeeps. Cuando crezca, quiero ser maestro.

Respeto por las personas con epilepsia

Los niños con epilepsia quieren jugar y divertirse, igual que los demás niños. Asegúrate de invitarlos a jugar contigo.

No es fácil tener epilepsia. Sé amable y respetuoso. No te burles ni los molestes.

Los niños con epilepsia pueden estar cansados. Sé paciente y comprensivo.

Las personas con epilepsia no son todas iguales. Tienen diferentes tipos de convulsiones. También tienen diferentes disparadores.

Si ves que alguien tiene una convulsión, avísale a un adulto. Mantén la calma. El adulto puede recostar a la persona de lado. No coloques nada en la boca de la persona.

Después de que una persona tenga una convulsión, mantén la calma. Deja que descanse. Dile que está seguro.

Si la persona con epilepsia necesita ayuda, pregúntale cómo puedes ayudar.

Términos útiles

carbohidrato Un nutriente que se encuentra en alimentos como el pan, los cereales, el arroz y las patatas.

convulsión Un espasmo o ataque debido al aumento repentino de la actividad en el cerebro.

disparador Algo que puede causar una convulsión.

epilepsia Una enfermedad del cerebro que puede causar que una persona tenga convulsiones repetidas.

infección Una enfermedad causada por gérmenes como virus o bacterias.

tumor Un nódulo o masa de tejido anormal en el cuerpo.